OTTO FEUERSTEIN

Das Geheimnis der Person Jesu
und der Dreieinigkeit Gottes

AF284541

OTTO FEUERSTEIN

(Pfarrer)

Das Geheimnis der Person Jesu

und der Dreieinigkeit Gottes

2. Auflage 2021
Herausgegeben von Klaus Kardelke
Umschlagbild: Pixabay

Bibliografische Information der Deutschen Nationalbibliothek:
Die Deutsche Nationalbibliothek verzeichnet diese Publikation in
der Deutschen Nationalbibliografie; detaillierte bibliografische Da-
ten sind im Internet über http:// dnb.dnb.de abrufbar.

Herstellung und Verlag: BoD – Books on Demand, Norderstedt
ISBN 978-3-7519-5395-5

Inhaltsverzeichnis

„Ich bin JEHOVA; dein Gott; keinen Gott außer mir sollst du anerkennen, wie auch keinen Heiland, der ist außer Mir." (Hosea 13,4)

„Denn uns ist ein Kind geboren, ein Sohn ist uns gegeben und die Herrschaft ist auf seinen Schultern. Und ER heißt Wunderbar, Rat, Kraft, Held, Vater von Ewigkeit, Fürst des Friedens." (Jesaja 9,5)

„Wenn ihr mich kennen würdet, so würdet ihr auch meinen Vater kennen; aber von nun an werdet ihr ihn kennen, und ihr habt ihn gesehen."
Da sprach Philippus zu Jesus: „Herr, zeige uns den Vater und es genügt uns."
Jesus aber sprach zu ihm: „So lange Zeit bin ich bei euch und ihr kennet mich noch nicht? Philippus, wer mich sieht, der sieht auch den Vater. Wie kannst du denn sagen: Zeige uns den Vater?" (Joh. 14,7-9)

„Ich und der Vater sind eins." (Joh. 10,30)

„Ich bin im Vater und der Vater ist in mir." (Joh. 10,14)

„Denn in ihm wohnt die ganze Fülle der Gottheit leibhaftig." (Kol 2.9)

„Gott war in Christo und versöhnte die Welt mit ihm selber." (2. Kor. 5,19)

„Christus ist über alles, Gott, hochgelobt in Ewigkeit."
(Röm. 9,5)

„Jesus Christus. Dieser ist der wahrhaftige Gott und das ewige Leben." (1. Joh. 5,20)

„Mein Herr und mein Gott!" (Joh. 20,28)

Das Geheimnis der Person Jesu

Das Dreifaltigkeitsdogma

Das Hauptdogma, nicht nur der römisch-katholischen Kirche, sondern auch der orthodox-katholischen Kirche und der meisten evangelischen Kirchen, ist der Lehrsatz: Es ist zwar nur Ein Gott, aber in diesem Einen Gott sind drei Personen. Man mag dieses Dogma noch so sehr verteidigen und durch Gleichnisse ein wenig Licht über es zu verbreiten suchen, das müssen auch die Kirchen zugeben: wirklich zu verstehen ist die Lehre, dass es nur Einen Gott gäbe, aber in diesem einen Gott noch drei Personen seien, nicht. Dass es geheimnisvoll ist, würde nichts gegen das Dreifaltigkeitsdogma beweisen. Hinter einem Geheimnis kann eine tiefe Wahrheit verborgen sein, und wo es sich um das Wesen Gottes handelt, wird der Verstand des Menschen unmöglich alles restlos begreifen und ergründen können. Gott würde aufhören, Gott zu sein, wenn wir Ihn vollständig begriffen! Dass das Dreifaltigkeitsdogma über unsere Vernunft geht, würde also keinen Grund bilden können, es abzulehnen. Aber es geht eben nicht nur über unsere Vernunft, es geht wider unsere Vernunft. Es ist ein Widerspruch in sich selbst.

Von allen Kirchen wird dem Unglauben des Materialismus gegenüber gelehrt, dass Gott nicht bloß eine Kraft und Eigenschaft, sondern ein persönliches Wesen sei. Wenn nun aber Gott ein persönliches Wesen, Person ist, so kann Er doch nur Eine Person sein! Ein Mensch kann nicht drei Menschen sein; und der Eine Gott, wenn Er persönlich ist, kann nicht drei Personen sein. Es könnte drei Personen geben, die alle drei Gott wären, wenn Gott bloß eine Eigenschaft bedeuten würde, wie es zum Beispiel drei gescheite Leute geben kann, weil Gescheitheit eine Eigenschaft ist. Aber wenn Gott persönlich ist, so kann der persönliche Gott nicht zugleich drei Personen sein. Eins kann nicht drei und drei kann nicht eins sein.

Wenn es drei göttliche Personen gäbe, deren jede für sich ganz vollkommen Gott wäre, dann wären es eben drei Götter und nicht Ein Gott, gerade so, wie drei Menschen drei Menschen und nicht ein Mensch sind. Zudem hat nach der Lehre der Kirchen jede der drei göttlichen Personen eine individuelle Eigentümlichkeit, die von der andern verschieden ist: Der Vater ist ursprungslos, der Sohn vom Vater gezeugt, der hl. Geist vom Vater und Sohn als von seinem Ursprung ausgehend; der Vater ist der Schöpfer, der Sohn der Erlöser, der hl. Geist der Heiligmacher. Die drei Personen sind also nicht ganz vollkommen Einer Wesenheit und Natur, umso mehr sind es eben drei Götter und nicht Ein persönlicher Gott. Wenn drei individuell verschiedene Menschen daherkämen und behaupten würden, sie seien nur ein Mensch, wer würde ihnen das glauben?

Übrigens sind nach der Lehre der Kirchen der Sohn und der hl. Geist nicht wahrhaft Gott, denn sie haben ihr göttliches Wesen nicht aus sich, sondern aus dem Vater: der Sohn ist vom Vater gezeugt, und der hl. Geist geht hervor aus dem Vater und Sohn. Nun, dann sind eben der Sohn und der hl. Geist nur Geschöpfe des Vaters, denn: wer sein noch so vollkommenes Wesen nicht aus sich infolge der höchsteigenen Machtvollkommenheit besitzt, sondern es von einem andern erhalten hat, ist unleugbar ein Geschöpf dessen, der sein Sein aus sich selbst besitzt und dem er sein Dasein verdankt.

Zum Begriff Gott gehört doch, dass man sein Dasein

von Ewigkeit her aus sich selbst habe! Das trifft (nach der kirchlichen Lehre) aber beim Sohn und hl. Geist nicht zu; diese haben ja ihr Sein vom Vater erhalten und sind infolgedessen auch nicht ewig und ohne Anfang. Wären sie ewig, dann könnten sie nicht gezeugt worden bzw. hervorgegangen sein, also einen Ursprung vom Vater genommen haben. So widersprechen sich die Kirchen selbst, wenn sie lehren, der Sohn und der hl. Geist haben ihr Sein vom Vater und seien doch Gott.

Das in sich so widerspruchsvolle Dreifaltigkeitsdogma ist keineswegs in der Bibel begründet. In der ganzen Bibel steht weder das Wort ‚Dreieinigkeit' oder ‚Dreifaltigkeit', noch ist die Lehre, dass in dem einen Gott drei Personen seien, in ihr enthalten.

Jeder, der ein wenig Kenntnis von der Kirchengeschichte und der Entwicklung der Dogmen hat, weiß, dass erst das Konzil von Nicäa (325 n. Chr.), auf dem, wie der berühmte katholische Gelehrte Duchesne sagt, der Wille des Kaisers Konstantin das hauptsächlichste Argument für die Majorität der Bischöfe gewesen ist, dieses Dogma aufgebracht hat und dass es lange brauchte, bis es durch die Kirchenväter Gregor von Nazianz und Nyssa, Basilius und Augustinus seine endgültige Formulierung fand. Die protestantische Kirche hat dann dieses Dogma von der orthodoxen und römischen Kirche übernommen.

Wie sind die Kirchen eigentlich dazu gekommen, zu behaupten, Gott bestehe aus drei Personen?

In der Bibel steht unmissverständlich, dass Gott nur Einer ist! „Höre Israel, Jehova, unser Gott, ist Ein Jehova" (5. Mos. 6,4), ebenso bei Mk. 12,29: „Höre Israel, der HERR, unser Gott, ist ein einiger Gott."

Jesaja 44,6: „So spricht Jehova, der König Israels: Ich bin der Erste und der Letzte und außer mir ist kein

Gott."

Jesaja 45,21: „Bin ich nicht Jehova, und ist etwa außer mir ein Gott?"

Hosea 13,4: „Ich bin Jehova, dein Gott, keinen Gott
außer mir sollst du anerkennen, wie auch kein Helfer
ist außer mir."

Die Person Jesu

Ein Hauptgrund, der die Kirchen zur Aufstellung ih-
res Trinitätsdogmas brachte, war, dass die Person Jesu
Christi auf die Christenheit einen derart gewaltigen
Eindruck machte, dass sie sich innerlich gedrängt
fühlte, zu bekennen: Jesus Christus ist nicht bloß ein
Mensch und ein Prophet gewesen, sondern Er war
göttlicher Natur; Er war Gott, wie der Vater und der hl.
Geist. Also, folgerte man weiter, sind in Gott drei Personen. Ja, wenn man die Worte und Taten Jesu, Sein
Leben und Sein Leiden, wie wir darüber in den Evangelien lesen, aufrichtigen Sinnes und Herzens auf sich
wirken lässt, dann muss es einem ergehen, wie zum
Beispiel Napoleon, der einmal gesagt hat: „Ich glaube
mich auf die Menschen zu verstehen, dieser Jesus aber,
ich sage es euch, ist mehr gewesen als ein Mensch."

Mit Jesus Christus kann sich kein Mensch verglei-
chen! Wir erblicken in Ihm jede Tugend in höchster
Vollendung und im vollkommensten Ebenmaß. So
selbstlos, so liebevoll gegen Freund und Feind, so ge-
duldig und demütig ist noch nie ein Mensch dieser
Erde gewesen. Seinen Jünger, der Ihn verrät, straft Er
nur mit einer Klage, und für Seine Feinde betet Er noch
am Kreuz: „Vater, vergib ihnen, denn sie wissen nicht,
was sie tun!" (Lk. 23,24) Er lässt sich in rettender Liebe
herab zu den ärgsten Sündern und nimmt sie an und

isst mit ihnen. Er vergisst Speise und Trank, wenn es sich darum handelt, eine sündhafte Samariterin zu bekehren. So fleckenlos rein ist Sein Leben, dass er vor Seine erbittertsten Feinde hintreten und sie fragen kann: „Wer von euch kann mich einer Sünde beschuldigen?" (Joh. 8,46), und Seine Gegner, die Ihn auf Schritt und Tritt beobachteten, mussten verstummen. Die bestochenen Zeugen vor Hannas und Kaiphas bringen keine Anklage zustande, sogar Sein Verräter erklärt: „Ich habe unschuldiges Blut verraten" (Mt. 27,4) und Sein Richter: „Ich bin unschuldig an dem Blut dieses Gerechten" (Mt. 27,24).

Ein Mensch ohne Fehler, ist der bloß ein natürlicher Mensch? Dieser Jesus — der zu allem hin noch redete, wie einer, der Macht hat, so dass selbst die Tempeldiener zu ihren Herren sagen: „Niemals hat ein Mensch geredet wie dieser" (Joh. 7,46), der Taten ausübte, so wunderbar, wie kein Prophet — muss mehr gewesen sein als ein Mensch! So sagte die Christenheit, und wer aufrichtigen Geistes ist, wird diesem Urteil voll zustimmen.

Dieser Jesus hat nun aber zu allem hin von sich selbst Dinge ausgesagt, die nur ein Gott von sich aussagen kann. Ich erinnere nur an die bekannten Jesusworte: „Ich bin der Weg, die Wahrheit und das Leben, niemand kommt zum Vater denn durch mich" (Joh. 14,6); „Himmel und Erde werden vergehen; aber meine Worte werden nicht vergehen" (Mt. 24,35). So kann nie ein Mensch sprechen: Ich bin die Wahrheit und das Leben, meine Worte haben ewige Geltung; denn Mensch sein heißt, irren und vergänglich sein. So kann nur Gott in Seiner Sich Selbst bewussten Kraft und Macht reden!

Jesus hat ferner von sich gesagt: „Siehe, ich bin bei euch alle Tage bis an der Welt Ende" (Mt. 28,20). So kann wiederum ein Mensch vernünftigerweise nicht sprechen, wenn er nicht zugleich der allgegenwärtige Gott ist!

Ferner: „Wahrlich, wahrlich ich sage euch: Ehe denn Abraham ward, bin ich" (Joh. 8,58).

Jesus sagt nicht: war ich, sondern: b i n ich. Damit schreibt er sich eine Art des Daseins zu, wie sie nur dem ewigen, unveränderlichen Wesen Gottes eigen ist!

„Alles, was der Vater tut, das tut auf gleiche Weise auch der Sohn. Gleichwie der Vater die Toten erweckt und lebendig macht, so macht auch der Sohn lebendig, welche er will" (Joh. 5,19.21).

„Niemand nimmt mein Leben von mir, sondern ich gebe es von mir selbst hin; ich habe Macht, es hinzugeben, und ich habe Macht, es wieder zu nehmen" (Joh. 10,18).

„Ohne mich könnt ihr nichts tun" (Joh. 15,5).

Mit diesen Worten schreibt sich Jesus göttliche Macht zu!

Jesus Christus war das, was Er von sich aussagte und was Er durch Sein sündenreines Leben, Seine überirdische Weisheit und Seine Wundertaten bewiesen hat: Er war göttlicher Natur, der Sohn Gottes im eigentlichen Sinn, nicht bloß ein Kind Gottes, wie das schließlich jeder gottesfürchtige Mensch von sich sagen kann, sondern Er war der wesensgleiche Sohn Gottes, der für diese Wahrheit, dass Er der Sohn Gottes sei, in Leiden und Tod gegangen ist; denn noch vor dem Hohen Rat hat Jesus auf die Frage des Hohepriesters, von deren Beantwortung, wie Er wusste, Leben und Tod für Ihn abhing:

„Ich beschwöre dich bei dem lebendigen Gott, dass du uns sagest, ob du Christus, der Sohn Gottes, bist" (Mt. 26,63) ohne Zaudern geantwortet: „Ich bin es", und Er hat diese Seine Aussage mit Seinem Tode bestätigt.

Die Christenheit hat darum mit vollem Recht in ihrer überwiegenden Mehrzahl stets an dem Bekenntnis, dass Christus der Sohn Gottes im eigentlichen Sinne sei, festgehalten, zumal schon die Apostel des Herrn den gleichen Eindruck von ihrem Meister gehabt hatten. Man denke nur an Petrus, der zu Jesus spricht: „Du bist Christus, der Sohn des lebendigen Gottes" (Mt. 16,16), worauf Jesus ihm antwortet: „Selig bist du, Simon, Sohn des Jonas, denn Fleisch und Blut hat dir das nicht geoffenbart, sondern mein Vater, der im Himmel ist".

Man denke an Thomas, der vor dem Herrn niederfällt und spricht: „Mein Herr und mein Gott" (Joh. 20,28), an Paulus, der da schreibt: „Christus ist über alles, Gott, hochgelobt in Ewigkeit" (Röm. 9,5).

Nun sagte sich aber die Christenheit weiter: Der Sohn Gottes hat göttliches Wesen, ist also Gott. Der Vater ist selbstverständlich Gott und der hl. Geist, dem die ganze Bibel unzweideutig göttliche Eigenschaften beilegt, ist auch Gott. Also sind es drei göttliche Personen: Ein Gott in drei Personen. Wir haben aber gesehen, dass das ein Widerspruch in sich selbst ist. Welches ist nun die Lösung dieses Problems, an dem die Christenheit schon seit fast zwei Jahrtausenden herumgrübelt, ohne sich klar zu werden des Problems, dass es nach der hl. Schrift und der Vernunft auf der einen Seite nur Eine göttliche Person geben kann und andererseits doch Vater, Sohn und hl. Geist Gott seien, dass es also doch anscheinend drei göttliche Personen gäbe.

Wir werden sehen, die Lösung ist sehr einfach. Es verhält sich damit wie mit dem so genannten Ei des Kolumbus. Wenn man die Lösung einmal weiß, dann ist man erstaunt, sie nicht schon früher gefunden zu haben.

Das Wesen Gottes

Um die Lösung unseres Problems zu bekommen, muss etwas weiter ausgeholt werden. Jedermann wird zugeben müssen: Je geistvoller ein Mensch ist, desto inhaltsvoller und bedeutungsreicher sind auch die Worte, die er spricht. Am tiefsten und inhaltsreichsten ist natürlich das Wort des unendlich allwissenden und allweisen Gottes. Wenn man seine Tiefen auch nur einigermaßen erkennen will, darf man nicht auf der Oberfläche bleiben, denn: „Der Buchstabe tötet, der Geist ist es, der lebendig macht" (2. Kor. 3,6). Um den Sinn des Wortes Gottes zu begreifen, darf man es nicht buchstäblich nehmen, sondern muss es in dem Geiste auffassen, der im Buchstaben verborgen ist. Geradeso wie derjenige, der eine Nuss genießen will, die Nussschale zerschlagen muss, so muss, wer den Sinn einer Schriftstelle ergründen will, den Buchstaben, diese Hülle des Sinnes, zuerst durchbrechen. Er muss mit Hilfe des hl. Geistes forschen und suchen, was unter dem Buchstaben für ein tieferer Sinn verborgen ist. Freilich, nur wer den hl. Geist in sich hat, wird das Wort Gottes richtig auffassen. Der hl. Geist, der Geist der Wahrheit, kann von der Welt, das heißt von einem Menschen, der noch der Augenlust, Fleischeslust oder der Hoffart des Lebens dient, nicht empfangen werden (Joh. 14,17). Und darum versteht nicht der Gelehrteste und nicht der ein hohes Kirchenamt Bekleidende, sondern der wahrhaft Frömmste, der wirklich vom Geist Gottes erfüllte Christ die hl. Schrift am besten und richtigsten. Nicht Gelehrsamkeit, sondern der hl. Geist leitet in alle Wahrheit (Joh. 16,13)!

Steckt hinter jedem Wort Gottes ein tiefer Sinn, so gilt dies begreiflicherweise am meisten von den Aussagen des Gotteswortes, die vom Wesen Gottes selbst reden, das ja für den Menschen am schwersten zu begreifen ist. Der tiefste Sinn ist verborgen hinter den Aussagen der Schrift vom Vater, Sohn und hl. Geist. Mit diesen drei Worten meint die Bibel etwas ganz anderes, als die Kirchen dahinter gefunden haben. Sie meint nicht drei verschiedene Personen, sondern drei verschiedene Grundeigenschaften, Seinsweisen, eines und desselben Gottes.

Unter VATER meint die Schrift Gott, insofern Er die Liebe ist. Die Liebe ist das Grundwesen Gottes, wie dies ja der Apostel Johannes in seinem ersten Brief so herrlich ausdrückt mit dem einfachen, aber so unendlich tiefen und schönsten Satz der ganzen hl. Schrift: „Gott ist die Liebe" (1. Joh. 4,8). Die Liebe ist diejenige Eigenschaft Gottes, die allen Seinen andern Eigenschaften zugrunde liegt und aus der alle Seine andern Eigenschaften hervorgehen. Insofern Gott die Liebe ist, Seinem Grundwesen nach, ist Er Vater.

SOHN aber nennt die Schrift den gleichen einpersönlichen Gott, insofern Er die Weisheit ist. Gottes Weisheit verhält sich zu Gottes Liebe wie das Licht zu der Feuerflamme. Bei einer Kerze geht der Lichtkreis hervor aus der Feuerflamme; zuerst muss die warme Flamme, die Erregtheit, das Vibrieren der Materie da sein, dann erst entsteht das Licht. Das Licht ist der Sohn der Flamme. Ebenso geht aus dem Feuer der Liebe Gottes das Licht Seiner Weisheit hervor. Wie das Licht einer Kerze ein Sohn des Feuers ist, weil es aus dem Feuer hervorgeht, wie ein Sohn aus dem Vater, so ist die Weisheit Gottes ein Sohn der Liebe Gottes, weil sie aus dem Grundwesen Gottes, Seiner Liebe, hervorgeht. Gott insofern Er die Weisheit ist, ist Er Sohn, Gott insofern Er die Liebe ist, ist Vater. Gott ist in Einer Person Vater und Sohn, Liebe und Weisheit.

Statt Weisheit gebraucht die Schrift auch den Ausdruck Logos. „Im Anfang war der Logos" (Joh. 1,1). Das griechische Wort Logos wird gewöhnlich übersetzt mit „das Wort". Eigentlich bedeutet es die dem Wort zugrundeliegende Vernunft und Weisheit. Logos und Weisheit sind identische Begriffe. Als Logos-Weisheit ist Gott der Urgrund aller Dinge. „Alles ist durch den Logos gemacht worden und ohne denselben ist nichts gemacht worden, was gemacht worden ist" (Joh. 1,3). Alles ist aus Gottes Weisheit hervorgegangen.

Als Logos-Weisheit erkennt sich Gott Selbst. Wäre Er nur Liebe, so wäre Er unpersönlich. Seinem Urgrundwesen nach ist Gott unpersönlich. Weil Er aber zugleich Logos, Weisheit ist, so erkennt Er Sich Selbst, ist persönlich. Der Logos ist das Selbstbewusstsein, das Ich Gottes, Jehova — Ich bin der Ich bin (2. Mos. 3,14). Gott nach Seinem Urgrundwesen betrachtet ist Vater oder Gott, nach Seinem Selbstbewusstsein betrachtet ist Er Sohn oder Logos oder Jehova.

HEILIGEN GEIST endlich nennt Jesus den gleichen einpersönlichen Gott, insofern Er Wille und Kraft ist. Wie aus dem Feuer und dem Lichtkreis um das Feuer die Lichtstrahlen ausgehen, die die Dinge erleuchten und erwärmen, so geht von Gott als Liebe und Weisheit, als Vater und Sohn, Wille und Kraft aus, die alle Menschen geistig erleuchten und erwärmen, die ihr Herz den mächtigen Strahlen des hl. Geistes öffnen und offen halten.

Also nicht drei Personen lehrt die Schrift als in Gott vorhanden, sondern drei Grundeigenschaften ein und desselben einpersönlichen Gottes. Gott ist Vater, Sohn und hl. Geist, heißt: Er ist Liebe, Weisheit und Kraft. Gott ist dreieinig, aber nicht in der Weise, als ob in Gott drei Personen wären, was ein Widerspruch in sich selbst ist, sondern in der Weise ist Gott dreieinig, dass drei Grundeigenschaften in Ihm enthalten sind, und doch ist es nur Ein persönlicher Gott.

Wie alle materiellen Dinge drei Seiten oder Grundeigenschaften haben: Länge, Breite und Höhe, wie der Mensch aus Leib, Seele und Geist besteht, so ist auch Gott dreieinig. Drei Grundeigenschaften sind in Ihm, und doch ist nur Ein Gott. Sowenig ein Kasten, der hoch, breit und lang ist, drei Kästen ist, und so wenig ein Mensch, der Leib, Seele und Geist hat, drei Menschen ist, so falsch ist es zu meinen, weil in Gott Vater, Sohn und Geist, d.i. Liebe, Weisheit und Willenskraft sind, Er sei drei Personen. Dreieinig ist Gott, aber nicht dreipersönlich, sondern einpersönlich. Das wussten die alten Religionen der Inder, Perser, Ägypter, Griechen, Römer, Japaner noch gar wohl, und zwar von der Urreligion Adams und Noahs her, und deshalb stellten sie alle Gott dreieigenschaftlich dar. Das Dreifaltigkeitsdogma — Gott in drei Personen — ist erst im vierten Jahrhundert durch das Konzil von Nicäa aufgekommen.

Der Sohn Gottes

Wie verhält es sich nun aber mit Jesus Christus, wenn nur Ein Gott ist mit den drei Grundeigenschaften Liebe (Vater), Weisheit (Sohn) und Kraft (hl. Geist)? Die Kirchen haben ganz richtig erkannt, dass Jesus Christus kein gewöhnlicher Mensch gewesen sein kann, sondern dass göttliches Wesen Ihm eigen war, dass Er Gott war.

Gott kann nur einpersönlich sein. Jesus Christus ist göttlichen Wesens. Was ist also Jesus Christus?

Jesus Christus ist niemand anders als Gott Selbst, der einpersönliche Gott, der Mensch geworden ist.

Gott Selbst hat sich in Jesus Christus den Menschen dieser Erde persönlich geoffenbart. Und zwar hat Gott sich in Jesus geoffenbart als Sohn; Sohn Gottes hat sich ja der Heiland so oft nennen lassen und selbst genannt.

Warum hat sich Gott in Jesus Christus SOHN Gottes genannt, warum nicht Vater?

Das ist gut zu verstehen. Nehmen wir wieder das Gleichnis von der Flamme und vom Lichte. Eine Flamme kann sich nicht anders zeigen denn als Licht. Sobald sich eine Flamme zeigt, ist sie Licht. Das Licht, der Sohn der Flamme, aber ist nichts anderes als die leuchtende Flamme selbst.

Ein anderes Beispiel: Ein Gedanke, sobald er sich zeigt (äußert, offenbart), ist Wort. Im Wort zeigt sich der Gedanke. Der Gedanke, der Vater des Wortes, äußert sich im Sohn, im Wort. Gerade so, wie die Flamme sich nur äußern kann in ihrem Sohn, dem Licht, und der Gedanke in seinem Sohn, dem Wort, so kann auch Gott sich nur offenbaren als Sohn. Gott, sobald Er sich offenbart, ist Sohn, geradeso wie die Flamme und der Gedanke, sobald sie sich offenbaren, ihr Sohn (Licht und Wort) sind. Gott offenbart sich als Sohn, als Licht, Weisheit, Wort, Logos, Jehova. Dieser Sohn Gottes ist aber niemand anders als der sich offenbarende Vater Selbst.

Wie das Wort ganz und gar den Gedanken in sich enthält, und umgekehrt der Gedanke das Wort, so enthält der Sohn ganz und gar den Vater und der Vater den Sohn. Und deswegen hat Jesus von Sich Selbst gesagt: „Ich und der Vater sind eins" (Joh. 10,30). „Ich bin im Vater und der Vater ist in mir" (Joh. 14,10).

Und deswegen wird Jesus Christus in der hl. Schrift das Wort Gottes, das Licht und die Weisheit Gottes genannt. Das Wort, Licht und die Weisheit Gottes ist aber niemand anders als der sich offenbarende Vater Selbst!

Und darum sagte Jesus zu den Aposteln in Seiner Abschiedsrede beim letzten Abendmahl: „Wenn ihr mich kennen würdet, so würdet ihr auch meinen Vater kennen; aber von nun an werdet ihr ihn kennen, und ihr habt ihn gesehen." Da sprach Philippus zu Jesus: „Herr, zeige uns den Vater und es genügt uns." Jesus aber sprach zu ihm: „So lange Zeit bin ich bei euch und ihr kennet mich noch nicht? Philippus, wer mich sieht, der sieht auch den Vater. Wie kannst du denn sagen: Zeige uns den Vater?" (Joh. 14,7—9)

Jetzt, da wir wissen, dass Gott dreieigenschaftlich ist und Jesus, Sein Sohn, niemand anders ist als der sich offenbarende Vater Selbst, können wir eine Reihe Schriftstellen verstehen, die seither harte Nüsse für uns waren, zum Beispiel die Stelle: „Der Vater ist größer als der Sohn" (Joh. 14,28). Nach dem kirchlichen Trinitätsdogma ist diese Stelle unverständlich, denn nach ihm sind Vater und Sohn, weil wesensgleich, gleich groß. Diese Stelle ist so zu verstehen: Wie der Gedanke mehr ist als der Sohn, das Wort — denn das Wort wäre ja ohne den Vater, den vorhergehenden Gedanken, eine bare Unmöglichkeit, und darum ist der Gedanke als Zeuger des Wortes mehr als das gezeugte Wort, wenn aber das Wort gezeugt ist, ist es völlig identisch mit dem Vater —, so ist auch die Liebe in Gott mehr als die Weisheit, die ja erst aus dem Grundwesen Gottes, Seiner Liebe, hervorgeht, und Gottes Wesen ist größer als Gottes Offenbarung (Sohn). Gott hat in Jesus nicht alles geoffenbart von Seinem Wesen, das in alle Ewigkeit neue Seiten der Erkenntnis darbieten wird.

Jetzt verstehen wir ferner die Stelle: „Denselben Tag aber oder die Stunde weiß niemand, weder die Engel im Himmel noch der Sohn, sondern nur der Vater" (Mark. 13,32). Nach dem Trinitätsdogma ist auch diese

Stelle unverständlich, denn nach ihm ist der Sohn ebenso allwissend wie der Vater. Tatsächlich ist diese Stelle so gemeint: Den Tag des Gerichtes weiß der sich offenbarende Gott (Sohn) nicht, nämlich nicht so, dass er von Ihm geoffenbart würde, wohl aber weiß ihn der Vater (Gott in Seinem Urwesen). Gott als Vater weiß ihn kraft Seiner Allwissenheit, Gott als Sohn, als Offenbarer, aber weiß ihn nicht, weil Er ihn nicht offenbaren will.

Der Menschensohn

Jesus Christus ist Gott Selbst, der sich geoffenbart hat, und zwar hat sich Gott uns Erdenbewohnern geoffenbart in der Weise, dass Er Mensch geworden ist. „Und der Logos ist Fleisch geworden und hat unter uns gewohnt" (Joh. 1,14). Er ist Menschensohn geworden. Menschensohn nennt sich ja Jesus am liebsten. Gott hat — das lehrt die Kirche ganz richtig — die volle menschliche Natur zu Seiner göttlichen hinzu angenommen. Er ist ein Mensch nicht nur der Form und dem Ansehen nach, sondern voll und ganz geworden. Er hat durch Seine göttliche Kraft — „die Kraft des Allerhöchsten wird dich überschatten", spricht Gabriel (Luk. 1,35) —, durch den hl. Geist (= Seine Willensmacht), Sich Selbst im Schoße Marias einen menschlichen Leib und eine menschliche Seele gebildet. Der Satz des Apostolischen Glaubensbekenntnisses ist vollständig richtig: „Empfangen vom hl. Geiste, geboren aus Maria der Jungfrau". Durch Seine eigene Kraft hat Gott sich einen menschlichen Leib und eine menschliche Seele gebildet in Maria, der Jungfrau, was für Ihn sicherlich ebenso leicht war, als Adam und Eva ohne Vater zu erschaffen.

Es sage niemand, wie kann denn Gott Mensch werden? Sollte es demjenigen, von dem jedes durch Zeit und Raum begrenzte Wesen hervorging, dem allmächtigen Gott, unmöglich sein, ohne Verlust Seiner göttlichen Allmacht sich in Zeit und Raum einzuschließen, da doch Zeit und Raum aus Ihm hervorgegangen sind? Gott, der uns Menschen aus Seinem Willen einen Leib samt Seele verschaffen und geben konnte, warum sollte Er Sich Selbst, so es Ihm wohlgefällt, nicht auch einen Leib und eine Seele geben können?

Gott ist zwar Seinem Geiste nach allgegenwärtig, das heißt, Er erfüllt durch Seine Kraft alle Räume der Unendlichkeit und weiß um alles, ordnet, leitet und regiert alles; aber Sein eigentliches Ich, Seine Urzentralwesenheit, braucht auch nicht mehr Platz als unser Ich. Sind wir Menschen doch nach Seinem Bild und Gleichnis geschaffen!

Gott ist nicht etwas der Form nach Ungeheures und Unendliches, noch hat Er eine unserer menschlichen ganz fremde Form — ein Wesen, das man nicht erfassen und beschauen könnte oder das eine andere Form als die menschliche hätte, könnte man nie über alles lieben —, sondern Er sieht aus wie ein Mensch; sonst wären die Menschen nicht Seine Ebenbilder. Würde Gott sich nicht in Seinem Selbstbewusstsein konzentrieren, dann allerdings würde Er mit Seinem Geiste die ganze Unendlichkeit erfüllen. Als Jehova aber, als Sohn, sieht Er aus wie ein Mensch. Und deswegen konnte Er Sein Ich einhüllen in einen Leib und eine Seele, wie unser Ich (Geist), solange wir leben, in einen Leib und eine Seele eingehüllt sind.

Wie es die Bestimmung und die Lebensaufgabe eines jeden Menschen ist, seine Seele, die bei jedem Menschen von Natur aus unrein und den Anreizungen des Fleisches ausgesetzt ist, dadurch zu veredeln, dass er den Geist, diesen Funken aus Gott, sie regieren lässt und die gottwidrigen und selbstsüchtigen Gelüste von Leib und Seele durch Ringen und Kämpfen, durch Gebet, Selbstverleugnung und Entsagung dem Willen des Geistes unterwirft, so hat auch Gott als Jesus Seine Seele durch Kampf und Anstrengung veredelt, gerade so, wie wenn Er nur ein gewöhnlicher Mensch gewesen wäre, und hat sie und den Leib dem Geist in Ihm, der Gott Selbst war — unser Geist in uns ist nur ein Partikel, ein Funke aus Gott —, unterworfen. Auf diese Weise, dadurch, dass Er Seinen natürlichen Willen als Mensch dem Willen Seines Geistes unterwarf und alle Leidenschaften und Schwächen von Seele und Leib und alle Versuchungen, die von außen an Ihn herantraten, beharrlich bekämpfte — man denke an die Versuchung durch Satan zum Stolz, Wohlleben und Herrschsucht (Mt. 4) und an Seinen Kampf am Ölberg, wo Er die Leidensscheu Seiner Seele überwand (Mt. 26,36), nahm Er als Menschensohn zu an Alter, Weisheit und Gnade vor Gott und den Menschen (Lk. 2,52) und „lernte so aus dem, was Er erlitten, Gehorsam" (Hebr. 5,8).

So hat Gott als Jesus von Seiner Kindheit an bis Er Sein Haupt neigte und starb ein Beispiel gegeben, wie jeder Mensch kämpfen und ringen, beten, leiden, lieben und Opfer bringen kann und soll, um zum Ziele eines jeden Menschenlebens zu gelangen, zur Ähnlichwerdung seines Charakters mit dem Charakter Gottes, zur „Heiligung, ohne welche niemand Gott schauen wird" (Hebr. 12,14), zur Wiedergeburt, ohne welche niemand in das Reich Gottes eingehen kann nach dem Worte des Herrn: „Wenn jemand nicht wiedergeboren wird aus dem Wasser (der Lehre Jesu, diesem wahren Lebenswasser; Joh. 4,13) und dem hl. Geiste (der Demut und Liebe), so kann er nicht in das Reich Gottes eingehen" (Joh. 3,5).

Gott hat als Menschensohn uns vorgelebt, wie jeder Mensch Gott gegenüber sich betragen und wie er Seele und Leib dem Geiste in ihm unterwerfen kann und soll. Gott ist in Jesus ganz und in jeder Beziehung Mensch geworden mit denselben Fähigkeiten, versucht zu werden und Schmerzen zu leiden, wie wir es sind, und ist statt den Weg der Selbstsucht den Weg der Demut, Reinheit, Liebe, des Gebetes und der Selbstverleugnung gegangen, hat alle misslichen Verhältnisse, die Menschen begegnen können, selbst durchgemacht unter Opfern und Kämpfen und hat gegen alle die Leidenschaften, die den Menschen vom Kindes- bis zum Mannesalter versuchen, sich gewehrt und sie besiegt, damit kein Mensch und kein Engel sagen könne: Gebote geben und Tugenden von den von Anfang an zur Sünde geneigten Menschen verlangen ist leicht, selbst tun, selbst kämpfen, ist schwer! Darum machte Gott in Jesus unser ganzes menschliches Leben mit allen Leidenschaften und Leiden vom Proletarierkind bis zum Gefühl der Gottverlassenheit am Kreuze durch, um schließlich sagen zu können: „Ich habe euch ein Beispiel gegeben, damit auch ihr so tuet, wie ich getan habe" (Joh. 13,15). „Wer mein Jünger sein will, der folge mir nach" (Mt. 16,24).

Als Vater ist natürlich Gott, auch während Er Menschensohn war, Erhalter der ganzen sichtbaren und unsichtbaren Schöpfung geblieben und hat aus Seinem innersten Gottwesen heraus die ganze Unendlichkeit regiert; aber Leib und Seele nach war Er voll Mensch mit vollem menschlichen Bewusstsein und fühlte alle menschlichen Versuchungen, Leiden und Gebrechen, wie wenn Er bloß Mensch gewesen wäre. Er musste sich Seinem göttlichen Urwesen, dem Vater, Gott gegenüber in allen Stücken ebenso benehmen, wie wenn Er nur Mensch gewesen wäre. Also nicht bloß, um Selbst uns zu belehren, ist Gott Menschensohn geworden. Letzteres allein wäre schon Herablassung und Gnade im Vollmaße gewesen! Schon das war so unendliche Güte von Seiten Gottes, uns Menschen, die wir ohne übernatürliche Offenbarung im Finstern und im Todesschatten sitzen, durch Engel und Propheten zu belehren. Dass Er nun gar persönlich in Jesus als Lehrer des Heils, als Licht der Welt kam, dafür können alle Geschlechter der Erde in alle Ewigkeit Ihm nicht genug danken. Wahrlich, der Schöpfer Selbst hat sich als Jesus ins Fleisch begeben, um mit Seinen Geschöpfen persönlich zu verkehren, und sie Selbst über den Weg zum ewigen Leben zu belehren. Er, der Ewige und Unendliche, vor dessen Hauch ganze Sonnengebiete zerstäuben wie lockere Spreu, lehrte persönlich Seine Geschöpfe und unterzog sich, wohlwissend, dass Lehren ohne Beispiele nicht viel nützen, dem großen Opfer, Seine Lehre durch das eigene Beispiel der Demut und selbstlosen Liebe zu bekräftigen.

Der Erlöser der Welt

Und noch mehr hat Er getan! Der allmächtige Gott hat als Menschensohn sich sogar gefangen nehmen, die größten Schmerzen und die tiefste Schmach sich zufügen, sich geißeln, mit Dornen krönen und sich schließlich sogar ans Kreuz schlagen lassen von Seinen nichtigen Geschöpfen.

Warum hat Gott damals, als die Menschen Hand an Ihn legten, um Ihn zu martern und zu töten, nicht von Seiner Allmacht Gebrauch gemacht und Seine Feinde in die Hölle geworfen oder vernichtet? Hätte Er so gehandelt, dann hätte Er ja ein Seiner Lehre der Liebe und Verzeihung ganz entgegengesetztes Beispiel gegeben. Er hätte sich ja dann an Seinen Feinden gerächt, während Er doch immer die Feindesliebe gepredigt hatte. Um diese erhabene Liebelehre durch Sein Beispiel bis in den Tod zu bekräftigen, deswegen hat Gott als Jesus lieber das Schmerzlichste erlitten, hat sich lieber „wie ein Schaf zur Schlachtbank führen lassen und ist verstummt wie ein Lamm vor dem, der es schert, und hat seinen Mund nicht aufgetan" (Jes. 53,7), als nur zu einem Gebet für seine Feinde (Jes. 53,12).

Jesus hätte allerdings auch von Seiner Allmacht Gebrauch machen können, ohne Seine Feinde zu verdammen oder zu vernichten. Er hätte auf ihre höhnische Aufforderung hin: „Wenn du der Sohn Gottes bist, so steig herab vom Kreuz, und wir wollen an dich glauben" (Mt. 27,40) heruntersteigen können. Aber dann hätten sie an Ihn glauben müssen. Dann müsste seither alle Welt an Ihn glauben. Durch solch ein Zwangswunder hätte Jesus der Menschheit die Freiheit, sich für oder gegen Ihn zu entscheiden, an Ihn zu glauben oder nicht zu glauben, ein für alle Mal geraubt. Damit wäre uns Menschen unsere höchste Würde, durch die wir uns am meisten vom Tier unterscheiden, die Wahlfreiheit, genommen gewesen. Wir wären dadurch gerichtete Wesen geworden, das heißt Wesen, denen ihre Richtung bestimmt wäre wie dem Tier. Lieber als uns so aufs höchste zu schaden, hat Gott als Jesus das Grausamste erlitten. Nicht schaden wollte uns ja Jesus, sondern aufs höchste nützen. Er wollte uns losmachen von allem, was uns hinderte, selig zu werden in Zeit und Ewigkeit. Er wollte in jeder Beziehung unser Erlöser sein.

Die Menschheit war voll religiöser Unwissenheit

und voll Hang zum Bösen. Dadurch bereits, dass Jesus die Menschheit belehrte und ihr auf dem rechten Wege voranging durch Sein Beispiel, hat Er erlösend auf die Menschheit gewirkt. Schon Jesu Lehre und Beispiel ist ein Teil Seiner Erlösertätigkeit. Aber damit die Menschen voll selig werden könnten, musste noch mehr geschehen. Es lastete auf der ganzen Menschheit infolge der allgemeinen, keinen einzigen Menschen ausschließenden Sündhaftigkeit die schwere Schuld der Sünden. Solange diese Sündenschuld nicht getilgt war, konnte kein Mensch selig werden. Denn Gott ist heilig, heilig, heilig. „Du bist kein Gott, der Unrecht liebt, und der Böse weilet nicht bei dir, noch verbleiben die Ungerechten vor deinen Augen" (Ps. 5,5).

Wie sollte nun die Menschheit von ihrer Sündenschuld loswerden? Einfach die Sünden den diese wieder bereuenden Menschen nachlassen, sie ohne weiteres vergeben, konnte Gott nicht. Denn Gott ist nicht nur barmherzig und liebevoll, sondern auch gerecht. Seine Gerechtigkeit muss für jede Sünde Strafe, und zwar eine der Schwere der Sünde entsprechende Strafe verlangen. Gottes Wesen würde einseitig verzerrt, wenn Er aufhören würde, voll heilig und gerecht zu sein. Kein Mensch könnte Ihm dann mehr trauen, ob Er auch immer das Böse hasse. Deswegen kann Gott auch dem Reumütigen erst dann verzeihen, wenn wirklich die Forderungen Seiner Heiligkeit und Gerechtigkeit in vollkommener Weise erfüllt worden sind, wenn Ihm eine genügende Sühne für die Sünden geleistet worden ist.

Eine solche zureichende Sühne konnte aber kein Mensch leisten. Denn da Gottes Majestät unendlich erhaben ist, so ist jede Sünde gegen Ihn eine unendlich schwere Verschuldung. Jede Sünde kann deswegen nur durch eine Genugtuung von unendlichem Wert gesühnt werden. Was immer der Mensch von seiner Seite aus als Sühne Gott darbringen möchte, hat aber nur endlichen Wert und genügt nicht einmal, die eigene Sündenschuld zu sühnen, viel weniger die anderer. „Ein Mensch kann nicht erlösen. Er kann Gott keine Sühnung geben, noch den Wert der Erlösung für seine Seele, wenn er auch ewig sich bemühte" (Ps. 49,8).

Was tat nun Gott? Er wollte, da Er von Ewigkeit her in Seinem innersten Grundwesen die Liebe ist, gerne verzeihen; aber ohne dass Ihm eine zureichende Sühne geleistet wurde, konnte und durfte Er es Seiner Heiligkeit wegen nicht. Was tat Er nun? Schaue hinein, liebe Seele, in den unendlichen Abgrund der Liebe unseres Gottes! Da nur ein Mensch, der zugleich Gott war, eine unendliche Sühne leisten konnte, wurde ER SELBST Mensch und leistete SELBST Seiner Heiligkeit und Gerechtigkeit Sühne für alle Sünden der ganzen Welt. ER SELBST wurde die Versöhnung für die Sünden der ganzen Welt (Joh. 2,2).

Gott hat als Menschensohn Seinen Leib und Sein Blut, Sein Leben, dem Vater, Seinem göttlichen Urwesen, Seiner Heiligkeit, Gerechtigkeit und Liebe hingegeben als ein unbeflecktes Opfer (Hebr. 9,14). Ihm gehorsam bis zum Tode am Kreuz, in der Absicht, Seinem göttlichen Urwesen die Ehre und den Gehorsam zu ersetzen, die die Menschheit Gott geraubt hatte. Jesu Leiden und Sterben war eine unendliche Sühne, denn sie war dargebracht von Gott Selbst als Menschensohn. Gottes Handlungen, also auch Sühnehandlungen, aber haben sicherlich alle einen unendlichen Wert. Jesu Leiden und Sterben war sogar eine überreiche Sühne; sie hat alle Sünden des menschlichen Geschlechtes unendlich aufgewogen. Gott konnte das Leiden und Sterben Jesu als Sühne für die Sünden der

Menschheit umso mehr annehmen, als es ja ein Mensch, Er Selbst als Mitglied des menschlichen Geschlechtes war, der sie Gott darbrachte. Und zwar war es ein sündloser Mensch, der selbst keiner Versöhnung bedurfte; ein Sünder hätte nur für eigene Schuld sterben können.

Jesus starb also nicht bloß als Märtyrer Seiner Überzeugung, sondern als Sühnopfer. Sein Leiden war ein stellvertretendes Leiden. „Für uns hat Jesus gelitten" (Tit. 2,14; 1. Kor. 15,3) heißt nicht bloß „uns zu Gut", sondern „an unserer statt". Das Wort anti (für) hat im Neuen Testament immer nicht nur die Bedeutung „zu unserem Besten", sondern „an unserer Stelle", „statt uns". „Der Menschensohn ist gekommen, Sein Leben hinzugeben zur Erlösung anti, d.i. „an Stelle vieler". (Mt. 20,28). Die Gottheit hat den Menschensohn (Sich Selbst) so behandelt, als ob Er der größte Sünder, ja die Sünde selbst sei, und hat Ihn die ganze Strafe der Sünde tragen lassen. „Christus ist ein Fluch für uns geworden" (Gal. 3,13). Er wurde ein Gegenstand der göttlichen Gerechtigkeit, indem Er als das Lamm Gottes die Sünden und Strafen trug (Joh. 1,29), die wir hätten erleiden sollen. „Gott hat den, der von keiner Sünde wusste, für uns zur Sünde gemacht, damit wir würden Gerechtigkeit vor Gott in ihm" (2. Kor. 5,21). „Unsere Krankheiten hat er getragen und unsere Schmerzen auf sich genommen. Er ist verwundet um unserer Missetaten wegen, zerschlagen um unserer Vergehungen willen, und unseres Friedens wegen liegt die Züchtigung auf ihm, und durch seine Wunden sind wir geheilt worden. Aller Schuld hat der Herr auf ihn gelegt. Er ist geopfert, weil er selbst will. Sein Leben hat er dahingegeben als Sünd- (Sühn-) Opfer" (Jes. 53).

Jesus war der Hohepriester vor Gott, Seiner Heiligkeit, um zu versöhnen (sühnen) die Sünden des Volkes

(Hebr. 2,17). „Wir sind mit Gott versöhnt worden durch den Tod seines Sohnes" (Röm. 5,10). Durch den Kreuzestod Jesu ist Gott gegen Sich Selbst gerechtfertigt und ein Weg gefunden worden, auf dem Gott gerecht sein und doch zugleich verzeihen konnte. Jesu Blut löschte das Feuer des Zornes Gottes aus als ein Versöhnungsblut. „Er hat mit seinem Blute eine ewige Erlösung erfunden" (Hebr. 9,12). Er hat durch Sein Leiden an unserer statt bezahlt, was Adam und alle seine Nachkommen Gott geraubt haben (Ps. 68,5). „Er hat Friede gemacht durch das Blut seines Kreuzes" (Kol. 1,20). Er hat dadurch wieder den Himmel geöffnet, in den sonst wegen seiner Sündenschuld kein Mensch hätte eingehen können. Die Gerechten des Alten Bundes waren alle noch im Scheol, Hades, einem unvollkommenen Seligkeitszustande, in einer Sphäre zwischen Hölle und Himmel. Sogar von David, dem Mann nach dem Herzen Gottes, heißt es in Apostelgeschichte 2,34: „David ist nicht gen Himmel gefahren." Erst Jesu Sühnetod hat den Himmel wieder geöffnet. Seither gilt der neue Bund der Gnade, dessen Mittler Jesus geworden ist (1. Tim. 2,5) und dessen Inhalt ist: „Gnädig werde ich sein ihren Ungerechtigkeiten und ihrer Sünden nicht mehr gedenken" (Hebr. 8,12).

Die Genugtuungslehre

So hat also GOTT SELBST als Jesus durch Sein Leiden und Sterben Seiner Gerechtigkeit für die Sünden der Welt Genugtuung getan, hat Selbst stellvertretend Sühne geleistet und uns so erlöst von unserer Sündenschuld. Aus dieser Bedeutung des Opfertodes Jesu ist klar ersichtlich, was an der Genugtuungslehre der Kirche wahr und falsch ist. Sie fasst den Tod Jesu folgendermaßen auf: Um die Gerechtigkeit des Vaters, der ersten Person, zu versöhnen und Ihm die Ehre zu ersetzen, welche durch die Sünde Ihm entzogen war, hat Jesus, die zweite Person der Gottheit, im Einverständnis mit dem Vater und von diesem gesandt, die Sünden der Welt stellvertretend am Kreuz gebüßt; dadurch ist der Vater versöhnt worden und kann jetzt der Welt wieder gnädig sein.

Danach wäre also nur der Vater, die erste Person in der Gottheit, durch die Sünde beleidigt gewesen und nur Er hätte versöhnt werden müssen. Aber durch die Sünde ist doch, da nach dem Dreifaltigkeitsdogma alle drei Personen das gleiche göttliche Wesen haben, also alle drei heilig sind, nicht bloß der Vater, sondern auch der Sohn und der hl. Geist beleidigt worden. Warum soll nun bloß dem Vater Sühne geleistet werden, dem Sohn und dem hl. Geist aber nicht?! Der Sohn verzeiht ja nach der kirchlichen Genugtuungslehre, ohne dass Ihm zuvor Sühne geleistet worden, Er leistet sie sogar selbst. Der hl. Geist vollends kommt gar nicht weiter in Betracht.

Nein, nicht so war es, dass der Sohn dem Vater, einer andern Person, Sühne geleistet hätte, sondern der einpersönliche dreieinige GOTT SELBST hat in Seiner unendlichen Liebe als Menschensohn die Sühne übernommen, die die Menschen sonst zu leisten gehabt hätten, die sie aber nie hätten leisten können. Klar schreibt deswegen Paulus: „Gott hat in Christo die Welt mit sich versöhnt und ihnen ihre Sünden nicht angerechnet" (2. Kor. 5,19), „Gott hat uns vergeben in Christo" (Eph. 4,32). Der einpersönliche Gott Selbst war der Versöhnende und der, welcher versöhnt wurde.

Wenn die kirchliche Genugtuungslehre richtig

30

wäre, so wäre der Vater, die erste Person, ungerecht und grausam. Denn einen unschuldigen Dritten an Stelle des Schuldigen strafen, ist eine offenbare Ungerechtigkeit und Zeichen eines grausamen Sinnes, auch wenn der Unschuldige sich selbst als Stellvertreter anbietet. Dagegen ist es keine Ungerechtigkeit und Grausamkeit, sondern höchste Gerechtigkeit und Liebe, wenn der Beleidigte, der aus tieferen Gründen nicht ohne weiteres verzeihen darf, die Schuld selbst übernimmt.

Ein Nationalökonom sagte einmal: „Jede Begnadigung schadet der Heilighaltung des Gesetzes, außer diejenige, bei der der Begnadigende den erlassenen Teil übernimmt." Diesen einzig gangbaren, aber für Ihn so opferreichen Weg, ist Gott gegangen, um uns verzeihen zu können. Am Kreuz haben Gerechtigkeit und Liebe sich geküsst. Durch das Kreuz ist die Liebe Gottes in noch unendlich höherem Maße geoffenbart worden, als wenn Gott ohne Sühne verziehen hätte. Das Kreuz ist die großartigste Offenbarung der unendlichen Liebe Gottes. „Daran haben wir die Liebe Gottes erkannt, dass er (als Menschensohn) sein Leben für uns dahingab" (Joh. 3,16). „Es erweiset Gott seine Liebe zu uns dadurch, dass (er als) Christus, als wir noch Sünder waren, zur bestimmten Zeit für uns gestorben ist" (Röm. 5,8). „So sehr hat Gott (nicht bloß die ‚erste Person') die Welt geliebt, dass er seinen eingeborenen Sohn (sich selbst) dahingab, damit alle, die an ihn glauben, nicht verloren gehen, sondern das ewige Leben haben" (Joh. 3,16).

Der zweite Adam

Um uns loszumachen von unserer Sündenschuld, hat Gott als Jesus gelitten. Um voll selig werden zu können, muss der Mensch aber nicht nur frei sein von Sündenschuld, sondern auch von der Macht der Sünde. Ohne Heiligung kann niemand Gott schauen. Nichts Unreines kann in den Himmel eingehen. Gott kann keinen Menschen, der nicht vollendet ist, der noch an seinem Charakter Fehler hat, in den Himmel einlassen; ein solcher würde ja das friedliche, harmonische Zusammenleben der Himmlischen stören.

Seit Adams Fall konnte aber kein Mensch sich vollständig heiligen. Jeder Mensch kam ja mit der Erbsünde behaftet auf die Welt, mit einer Seele, die von Adam her zur Sünde geneigt, erblich belastet war. Jeder brachte als Nachkomme Adams die selbstsüchtige, gottentfremdete, zum Ungehorsam gegen Gottes Willen neigende Natur Adams schon mit ins Leben. Das Schwergewicht dieser verdorbenen Adamsnatur zog jeden immer wieder in die Sünde hinab. Und so hätte kein Mensch mehr voll selig werden, zu dem allheiligen Gott Selbst kommen können. Es musste einer kommen, der diese erbliche Belastung wegnahm, der eine heilige, unverdorbene Menschennatur sein eigen nennen konnte und zugleich fähig war, diese reine Menschennatur als Heilmittel gegen die Erbsünde auf andere zu übertragen. Es musste ein zweiter Adam kommen, der die leiblich vom ersten Adam herstammenden Menschen geistig wiederherstellte.

Was tat nun Gott? Er wurde Selbst Mensch. Er wurde Mensch, ohne von einem menschlichen Vater gezeugt zu werden, „empfangen vom heiligen Geiste", kam also ohne Erbsünde zur Welt und hatte so von Anfang an eine unverdorbene Menschennatur. Diese bewahrte Er dann sündenrein unter allen Versuchungen des Erdenlebens und heiligte sie immer mehr. Er ließ den Geist (Seine Gottheit) immer mehr Seele und Leib durchdringen. Gott (Sein Göttliches) hat Ihn, den Menschensohn, zum Lohne dafür schließlich erhöht und Ihm einen Namen gegeben, der über alle Namen ist, hat Ihn Seiner vollen Menschennatur nach verklärt und Sein Fleisch und Blut vergeistigt.

Seit der Himmelfahrt Jesu strömen aus der verklärten, in den Geist verwandelten Menschheit Jesu Lebensüberwindungskräfte, Umwandlungskräfte aus, die imstande sind, alle, die an Jesus glauben und sich Ihm anschließen, zu erneuern, ihre Adamsnatur umzuwandeln und aus ihnen Geistesmenschen zu machen.

Das verklärte Fleisch und Blut, die verklärte Menschennatur Jesu ist die Universalmedizin, die alle Menschen entsündigt und heiligt. Jesus ist der Weinstock, von dem die rechten Lebenssäfte in alle durch den Glauben und in der Liebe mit Ihm verbundenen Reben überfließen. Er ist der Stammvater des geistlichen Lebens, der fortwährend durch Seinen Geist, den heiligen Geist, neue Menschen zeugt. Der Heilige Geist war im Alten Bund die von der Gottheit ausgehende Kraft, im Neuen Bund ist er die von der Gottheit durch den Menschensohn, durch die verklärte Menschheit Jesu ausströmende heilende und heiligende Lebenskraft. „Der Heilige Geist war noch nicht gegeben, weil Jesus noch nicht verherrlicht war" (Joh. 7,39). Der Heilige Geist ist im Neuen Bund identisch mit Jesu verklärtem Fleisch und Blut.

Jeder, der Sein Fleisch und Blut, das heißt Seinen Geist in sich aufnimmt, wird gesunden und von der Erbsünde gereinigt werden. Aber mancher Kranke will die für ihn bereitete Arznei nicht nehmen. Es muss ihm zuerst Lust und Liebe, sie zu nehmen, eingeflößt werden.

Auch das hat Gott durch Sein Leiden und Sterben als Jesus zustande gebracht. Er hat durch dasselbe die Menschen, soweit sie überhaupt noch für das Gute empfänglich sind, angereizt, Ihn, den selbstlosesten, hingebendsten, aufopferndsten Gott in Jesus zu lieben und durch die Liebe sich mit Ihm zu verbinden, so dass dann die Kraft der Entsündigung und Heiligung von Ihm in sie überströmen kann. Nichts war je mehr imstande, die Sünder zu erschüttern und die Guten zum Fortschritt auf den Wegen Gottes anzutreiben, als das Kreuz, die Betrachtung der Leiden Jesu. Mit Seiner sterbenden Liebe am Kreuz hat Jesus unsere angeborene Selbstsucht bezwungen. Allen, denen das Geheimnis des Kreuzes aufgeht, werden seither mit Banden der Liebe an Gott in Jesus hingezogen, wie Er es vorhergesagt hatte: „Wenn Ich von der Erde erhöht sein werde, werde Ich alle an Mich ziehen." (Joh. 12,32)

Mein Herr und mein Gott

(Joh. 20,28)

Von den Emmausjüngern wissen wir, dass sie Jesus, der neben Ihnen einherwandelte, nicht gleich erkannten. Aber schon bevor ihnen die Augen aufgetan wurden, brannte ihr Herz in ihnen aus Liebe zu diesem Fremdling, während er auf dem Wege redete und ihnen die Schrift aufschloss (Luk. 24,32). So hat auch die Christenheit seither mit wenigen Ausnahmen Jesus in Seiner vollen Herrlichkeit noch nicht erkannt. Wohl aber brannte seither das Herz aller edlen Christen, wenn sie von Jesus hörten oder an Ihn dachten. Der

Vater und der Heilige Geist, obwohl als besondere Personen gedacht, kamen seither schon in völligen Hintergrund gegenüber Jesus. Ihm wandten sich aller Herzen zu! Jetzt, nachdem wir erkannt haben, dass Jesus niemand anders ist als Gott Selbst, verhüllt im Fleische, schauen wir Ihn erst im vollen Glanz Seiner Herrlichkeit, jetzt erst können wir Ihn über alles lieben! Jedem, der seither schon Liebe zu Christus fühlte, wird diese Liebe dazu verhelfen, schließlich anzuerkennen, dass Jesus wirklich der einpersönliche Gott Selbst ist. Wer freilich nur mit dem Verstand die Person Jesu begreifen will, wird nie zu dieser beseligenden Erkenntnis kommen. Das Herz allein ist der Schlüssel der Erkenntnis Jesu Christi unseres Herrn und Vaters. Nur Herzen, in denen das Feuer der Liebe und Demut brennt, haben auch das Licht der wahren Religion, das eben aus diesem Liebefeuer hervorgeht.

Ja, „Jesus Christus ist Gott in menschlicher Gestalt". (Kaiser Wilhelm II. in seinem Brief an Admiral Hollmann 1904, in welchem er gegen den Orientalisten Delitzsch Stellung nahm.)

Jesus ist „der wahre Gott" (Joh. 5,20), „über alles, Gott, hochgelobt in Ewigkeit" (Röm. 9,5), „Gott, unser Heiland" (Tit. 1,11), „der große Gott unser Heiland" (Tit. 2,13), „Gott geoffenbart im Fleische" (1. Tim. 3,16), „wer ihn (den Sohn) bekennt, hat (eben damit) auch den Vater" (Joh. 2,23), denn: „Wer mich sieht, der sieht auch den Vater" (Joh. 14,9). „In ihm wohnt die ganze Fülle der Gottheit leibhaftig" (Kol. 2,9). „Mein Herr und mein Gott" (Joh. 20,28).

Jesus Christus „ist das A und das O, der Anfang und das Ende, der Erste und der Letzte", so sagt Er von Sich Selbst, Off. 1,8,17; 22,13. Da im Alten Testament Jehova das gleiche von sich sagt, zum Beispiel in Jesaja 44,6: „So spricht Jehova, der König Israels und sein Erlöser, der Herr der Heerscharen: ‚Ich bin der Erste und ich bin der Letzte und außer mir ist kein Gott', so muss, da es unmöglich zwei Erste und zwei Letzte geben kann, Jesus Christus derselbe der Person nach sein mit Jehova.

Jehova nennt sich der „Ich bin": „Da sprach Gott zu Moses: ‚Ich bin, der Ich bin. Und er sprach: Also sollst du sagen zu den Söhnen Israels: Der, der da ist, hat mich zu euch gesandt" (2. Mos. 3,14). Jesus nennt sich bei demselben Namen, denn Er sagt: „Ehe denn Abraham ward, bin Ich" (Joh. 8,58). „Wenn ihr nicht glaubet, dass Ich bin, so werdet ihr in eurer Sünde sterben" (Joh. 8,24). „Wenn ihr den Menschensohn werdet erhöht haben, dann werdet ihr erkennen, dass Ich bin" (Joh. 8,28). Also ist Jesus der „Ich bin", Jehova Selbst!

Jesus sagt: „Mir ist alle Gewalt gegeben im Himmel und auf Erden" (Mt. 28,18). „Alle sollen den Sohn ehren, wie sie den Vater ehren" (Joh. 5,23). Wie reimt sich das zu dem Wort des Herrn in Jes. 42,8: „Ich bin Jehova, das ist mein Name, meine Ehre gebe ich keinem andern."? Das reimt sich nur zusammen, wenn der Sohn der offenbarende Vater, also dieselbe Person ist!

Jesus Christus ist Gott Selbst! Das schauten im Geiste voraus die Propheten! Diese verkündeten, JEHOVA SELBST werde kommen a l s Menschensohn und Erlöser der Welt!

Wie sagt Jesajas? „Die Jungfrau wird empfangen und einen Sohn gebären und seinen Namen wird man Immanuel (Gott mit uns) nennen" (Jes. 7,14); „Ein Kind ist uns geboren, ein Sohn ist uns geschenkt und man nennt seinen Namen Wunderbar, Ratgeber, Gott, starker Held, Vater von Ewigkeit, Fürst des Friedens" (Jes. 9,6); „Die Stimme des Rufenden in der Wüste: Bereitet einen Weg Jehova, ebnet in der Wüste einen Fußsteig unserem Gott" (Jes. 40,3); „Ich bin Jehova und außer mir ist kein Retter" (Jes. 43,11); „Unser Erlöser heißt Jehova, der Herr der Heerscharen, der Heilige Israels" (Jes. 47,4); „Alles Fleisch soll wissen, dass ich, Jehova, dein Heiland und dein Erlöser bin" (Jes. 49,26).

Wie spricht Jeremias? „Siehe, es kommt die Zeit, spricht Jehova, dass ich dem David einen gerechten Sprössling erwecke, und dies ist der Name, womit man ihn nennen wird, Jehova unser Gerechter" (Jer. 23,5). Wie sagt Hosea? „Ich bin Jehova, dein Gott vom Ägyptenlande her, keinen Gott außer mir sollst du erkennen, wie auch kein Heiland ist außer mir" (Hos. 13,4).

Wie singt der Psalmist? „Jehova, du bist mein Helfer und Erlöser" (Ps. 18,15). „Bei Jehova ist Barmherzigkeit und überreiche Erlösung; er selbst wird Israel erlösen von allen seinen Sünden" (Ps. 129,7f).

Nur wenn Jesus Christus niemand anders war als JEHOVA SELBST, stimmen die Weissagungen der Propheten, dass Jehova Selbst und niemand anders der Erlöser der Welt sein und zu diesem Zweck Mensch werden werde!

Jesus Christus ist Gott Selbst! Jetzt begreifen wir, warum die Schrift so Wunderbares von Ihm erzählt. Jetzt ist es geradezu selbstverständlich, dass Er nicht von einem Menschen, sondern vom hl. Geist, durch Seine eigene Kraft, empfangen worden ist; selbstverständlich, dass Er lehren konnte wie Einer, der Macht hat, dass Er, ohne studiert zu haben, ohne ein systematisch in die Mysterien Eingeweihter zu sein — Er war nicht etwa im Essenerorden ausgebildet worden —, die ganze Schrift und alle Geheimnisse kannte; selbstverständlich, dass er so große Dinge von sich sagen konnte, die, sagte sie ein bloßer Mensch, ihn fürs Narrenhaus reif bezeugen würden. Jetzt ist es selbstverständlich, dass Er alle die Wunder tun konnte, die die Evangelien von Ihm berichten. „Wenn einer im Ernste die Frage aufwerfen würde, ob Gott Wunder wirken könne, so hieße es ihm viel zu viel Ehre erweisen, wollte man ihm im Ernste antworten; es genügt, ihm einen Platz im Irrenhaus zu bestellen" (Rousseau, lettre 111 de la montagne).

Jetzt ist es sonnenklar, dass die Riegel des Grabes Seinen Leichnam nicht halten konnten, dass Er auferstanden ist am dritten Tage, wie Er es vorhergesagt hatte, dass Er sich zur Rechten der Kraft Gottes gesetzt, das heißt, wieder vollgöttliche Macht angenommen hat, und dass Er durch Seinen Geist überall, besonders bei den Seinigen, als Licht-, Trost- und Kraftspender ist.

Jesus Christus ist Gott Selbst! Jetzt begreifen wir, warum dieser Zimmermannssohn aus dem kleinen, weltentlegenen Judenlande seit fast 2000 Jahren eine solche Rolle in der Geschichte der Menschheit und im Leben von Millionen einzelner Menschen spielen konnte, dass seither die Weltgeschichte sich um Ihn, wie eine Tür um ihre Angel, dreht, und dass, wie Harnack („Wesen des Christentums") richtig bemerkt, kein Mensch, der einmal einen Strahl von Seinem Lichte in sich aufgenommen hat, je wieder so werden kann, als habe er nie etwas von Ihm gehört. „Die Schwierigkeit ist die, den Gekreuzigten zu verlieren", seufzte einmal Nietzsche. Jesus hat eine ewige Gewalt über die Seelen! Jetzt begreifen wir, dass weder Verfolgungen des Heidentums noch die Bekämpfung seitens des Unglaubens, noch Verunstaltung und Ausnutzung Seiner Lehre zu Herrsch- und Machtzwecken den Kern dieser Lehre vernichten konnten: sie ist unzerstörbar und bleibt Licht-, Kraft- und Segensquelle, mag sie noch so sehr getrübt worden sein.

Jetzt erst, nachdem wir JESUS als GOTT SELBST erkannt haben, haben wir statt der verwirrten und verwirrenden Vorstellung von einem Gott in drei Personen eine sonnenklare, uns zur Anbetung und Liebe eines solchen Gottes hinreißende Gottesvorstellung: Gott von Ewigkeit her, in Seinem Wesen dreieinig, Liebe (Vater), Weisheit (Sohn) und Macht (hl. Geist), ist als Jesus Mensch geworden aus Liebe zu uns Menschen, um uns, Seine gefallenen Kinder, zu erlösen. Durch diese Gottes- und Jesusvorstellung erst wird das Christentum, das seiner Dogmatik nach seit Nicäa tatsächlich ein dem Heidentum ähnliches Dreigöttertum war, wieder Monotheismus, Eingöttliche Religion.

Diese Wahrheit: Jesus ist der sich als Sohn offenbarende Vater Selbst, ist der Stein, von dem Daniel (2,34f) weissagte, dass er das vierte Weltreich zermalmen und zu einem Berge werden wird, der die ganze Erde erfüllen werde. Und es kommt die Zeit, da sich erfüllen wird das Wort des Propheten Zacharias (14,9): „Jehova wird König sein über die ganze Erde; an jenem Tage wird Ein Herr sein und sein Name wird Einer sein"; nicht mehr drei Herren und drei Namen, sondern „Ein Herr, Ein Glaube, Eine Taufe, Ein Gott und Vater aller" (Eph. 4,5)!

„Es werden sich erinnern und zu Jehova zurückkehren alle Enden der Erde und anbeten vor seinem Angesichte alle Geschlechter der Heiden; das Reich wird des Herrn sein, und er wird herrschen über die Heiden" (Ps. 21,28). Kommen wird „Eine Herde und Ein Hirte" (Joh. 10,16). Wer ist dieser Hirte?

Luther sagt es in seinem inspirierten Lied „Eine feste Burg ist unser Gott":

„Fragst du, wer der ist? Er heißt Jesus Christ, der Herr Zebaoth und ist kein andrer Gott; das Feld muss Er behalten!"

„Christus ist Gott über alles,
hochgelobt in Ewigkeit."

(Röm. 9,5)

„Jesus Christus ist der wahrhaftige Gott
und das ewige Leben."

(1. Joh. 5,20)